DISCOURS

SUR LA VIE ET LE MARTYRE

DE

SAINT MITRE

PATRON DE LA VILLE D'AIX

Prononcé dans la Basilique Métropolitaine Saint-Sauveur
Le 26 Novembre 1876

PAR L'ABBÉ LÉOPOLD PELOUTIER

Docteur en Théologie
Vicaire à la Métropole

AIX

ACHILLE MAKAIRE, IMPRIMEUR DE L'ARCHEVÊCHÉ
2, rue Pont-Moreau, 2

1877

VIE ET MARTYRE

DE

SAINT MITRE

PATRON DE LA VILLE D'AIX

DISCOURS

SUR LA VIE ET LE MARTYRE

DE

SAINT MITRE

PATRON DE LA VILLE D'AIX

Prononcé dans la Basilique Métropolitaine Saint-Sauveur
Le 26 Novembre 1876

PAR L'ABBÉ LÉOPOLD PELOUTIER

Docteur en Théologie

Vicaire à la Métropole

————— ❧ —————

AIX

ACHILLE MAKAIRE, IMPRIMEUR DE L'ARCHEVÊCHÉ

2, rue Pont-Moreau, 2

1877

AVERTISSEMENT

Les pages qu'on va lire sont le résultat d'un examen critique et comparé des livres, des monuments et des traditions sur le martyr dont s'honore à juste titre la ville d'Aix. Un discours prononcé devant une assemblée fidèle et convaincue ne pouvait pas avoir les allures d'une dissertation aride et peu intéressante pour la plupart des auditeurs. Nous avons donc exposé simplement et sans références le fruit de nos recherches, en ne donnant pour gage de certitude que notre sincérité. Mais ce qui suffisait dans la chaire ne saurait pleinement satisfaire le public, toujours un peu sceptique lorsqu'il s'agit de faits aussi merveilleux. A ceux donc qui seraient tentés de nous demander comment nous savons tous ces prodiges, et qui nous donne l'assurance que nous n'avons point erré, nous devons indiquer nos titres de créance.

La vie de Saint Mitre a été écrite, au lendemain de son

martyre, par les prêtres de l'Eglise d'Aix. Consignée dans le passionnel de notre Eglise, elle existait encore au septième siècle. Saint Grégoire de Tours en fait foi lorsqu'il dit au chapitre 71, *de Gloria confessorum* : « *Mitrias.... ut ferunt legentes certaminis ejus textum, etc...* » Mais avec ce passionnel, les actes du martyre de Saint Mitre ont disparu depuis, dans les révolutions nombreuses dont notre pays fut le théâtre, et probablement dans le sac que firent d'Aix, en **732**, les Sarrazins.

Au septième siècle. S. Grégoire de Tours en quelques courtes lignes rappelle ces actes et les résume. Ses paroles sont vagues, elles ont souvent prêté des armes aux adversaires de notre martyr ; mais pour tout esprit sans prévention ces quelques notes de l'ancien historien des Gaules n'étant, comme il le proclame lui-même, que l'écho diminué de nos traditions, ne sauraient en rien leur être contraires. Voici d'ailleurs ce texte célèbre :

Aquensibus igitur est concessus inclytus athleta Mitrius, vir in corpore juxta historiam actionis magnificæ sanctitatis, et licet conditione servus liber tamen justitia, qui, ut ferunt legentes certaminis ejus textum, peracto cursu boni operis a sæculo victor abcessit, sæpius se in cœlo degere virtutibus manifestis ostendens. (*de Gloria confessorum*, c. 71).

Comme on le voit, l'auteur n'a pas lu l'histoire de Saint

Mitre, il résume ce qu'il en a entendu raconter par la renommée : *ut ferunt legentes, etc.* Ce chapitre court et peu précis n'a constamment de valeur, qu'en tant qu'il est une indication des croyances et des traditions des Aixois, au septième siècle. Vouloir en faire une arme pour détruire ces traditions religieusement gardées et toujours vivantes dans notre Eglise, c'est tout simplement une naïveté. Mais pourquoi, demandera-t-on, parler de Saint Mitre au livre de *la Gloire des Confesseurs,* puisque Saint Grégoire de Tours, s'il l'eût considéré comme martyr, aurait mentionné son nom d'une façon plus opportune au livre qu'il a également composé *de la Gloire des Martyrs* ? A cette objection, il est aisé de voir combien peu sont connus les deux livres cités ; car l'examen le moins attentif de ces ouvrages donne tout d'abord la certitude qu'ils ne sont pas des martyrologes spéciaux, où soient rangés d'une part les confesseurs, et de l'autre, ceux qui ont versé leur sang pour la foi. Saint Grégoire de Tours n'a pas eu ce dessein en écrivant ces deux livres, et Saint Mitre n'est pas le seul martyr dont le nom soit inscrit dans celui qui a pour titre : *de Gloria confessorum.*

Qui donc ignore que ce nom même de confesseur désignait, dans les premiers siècles, aussi bien celui qui répandait son sang devant les persécuteurs, que l'âme oubliée du monde dans la solitude des cloîtres et des thébaïdes ?

De plus, on comprend tout d'abord que les expressions *athleta, certamen, actio, victor*, ne peuvent, d'après le style des auteurs ecclésiastiques, indiquer simplement la vie paisible et vertueuse des saints que l'Eglise honore aujourd'hui, sous ce nom spécial de *confesseurs*.

Toute une étude serait à faire sur ce fragment de Saint Grégoire de Tours ; il nous suffit d'avoir prouvé sommairement que l'historien de Saint Mitre peut s'appuyer sur ce puissant témoignage, sans rien détruire au temple de nos souvenirs.

Au neuvième siècle, Saint Adon, dans son martyrologe, qui a fait le fonds du martyrologe de Benoît XIV, appelle Saint Mitre un martyr très illustre, et fixe à Aix le lieu de son martyre.

L'ancien missel gothique de la métropole, qui est de l'an 1423, contient la messe du patron de la ville.

Puis au seizième siècle, dans l'ancien bréviaire de l'église métropolitaine, nous trouvons, avec des hymnes d'une piété simple et charmante, la légende du Saint, que l'auteur déclare être la pure et sincère vérité. Or, un bréviaire, une légende ne naissent pas spontanément, et notre bréviaire, splendidement reproduit par l'imprimerie en 1526, ne

pouvait être que le résumé des actes antiques de Saint
Mitre.

. Du seizième siècle à nos jours, c'est le soleil à son midi :
l'histoire de Saint Mitre se montre dans tout son éclat. En
1646, Messire Gaspar Augery, prieur de Magagnosc, dédie
au cardinal Michel Mazarin son livre qui a pour titre : « *la
Charité persécutée* » et qui est, sous cette appellation dans
le goût du temps, la vie de notre patron.

En 1668, Pitton publie ses annales de l'Eglise d'Aix,
ouvrage fort connu, et qui raconte en détail le martyre de
Saint Mitre, au pontificat de l'évêque Basile.

En 1694, de Serizani dessine aussi, d'après la tradition,
la vie de l'admirable Saint, et intitule son œuvre : « *Saint
Mitre martyr admirable.* »

Et ces trois ouvrages paraissent dédiés aux archevêques
d'Aix, munis de leurs *imprimatur*, et décorés de nombreuses approbations des docteurs.

Cependant, au dix-huitième siècle, surgit un Baillet provençal, l'aixois de Haitze, qui s'arme du texte de Saint Grégoire de Tours, que nous citions tantôt, pour écrire, avec
le secours de cette notice mal comprise, une contre-vie de
Saint Mitre. Cette œuvre n'a pas encore quitté le repos où
dorment les manuscrits des bibliothèques d'Aix et de Marseille. Elle n'a jamais été imprimée, mais les hagiographes

la connaissent et quelquefois même la copient servilement. On peut y glaner çà et là quelques observations qui ne manquent pas de justesse, mais vraiment, en voulant détruire, de Haitze ne fait que mieux édifier, et ses attaques sont si futiles qu'elles ont le don de fortifier la conviction plutôt que de l'abattre.

Du dix-huitième siècle à nos jours, l'histoire de Saint Mitre était trop évidemment populaire, pour qu'il fut nécessaire d'en rechercher les fondements. On n'a fait depuis que reproduire, dans un sens ou dans l'autre, ce qui se trouve dans les auteurs qui nous avons indiqués.

Voilà quels sont les garants de notre véracité. Nous avons lu, comparé les livres dont nous venons de donner la liste. Nous avons cherché à les expliquer et souvent même corriger l'un par l'autre ; éclairant ensuite les notions que nous avions recueillies dans ces ouvrages, par l'étude des traditions orales et des monuments qui nous restent, nous avons cru posséder la véritable histoire de notre martyr. Chacun peut contrôler l'exactitude du discours que nous avons donné, en consultant, avec un esprit soutenu de quelque jugement critique, les sources de nos paroles.

DISCOURS

SUR

LA VIE ET LE MARTYRE DE SAINT MITRE

Omnia detrimentum feci ut Christum lucrifaciam.
J'ai renoncé à tout pour gagner Jésus-Christ.
(St Paul aux Philippiens III-8).

MONSEIGNEUR [1],

Le fils de Dieu se plaisait à enseigner, sous la forme symbolique et sous le voile des allégories, les plus hautes vertus qu'il révélait au monde. Il comparait le royaume des cieux à une perle rare qu'un homme de négoce acqueirt au prix de toutes ses richesses ; et, dans une autre circonstance, il commandait à ses disciples d'être d'habiles échangeurs ; « *Negotiamini dum venio* [2] » Pour acquérir les biens réels, il faut perdre les biens factices de la terre ; pour posséder la vie divine, il faut mourir à la vie naturelle : et c'est par le sacrifice de ce que Dieu nous a donné dans la première

[1] Monseigneur Forcade, archevêque d'Aix.
[2] S. Luc, ch. 19, v. 13.

création que nous pouvons devenir des hommes nouveaux, créés en Jésus-Christ dans la justice et la sainteté de la vérité. Dans cet échange, mes frères, résident toute la force des vertus chrétiennes et le secret du bonheur. Celui-là perdra sa vie qui voudra la garder avec un soin avare et jaloux, tandis qu'en la perdant pour Dieu, on la retrouve meilleure et rajeunie,

Les saints ont entendu cette leçon austère et pleine d'espérance, et celui dont nous célébrons aujourd'hui, avec un orgueil patriotique, la glorieuse mémoire peut nous redire du sein de la joie où il se repose de ses combats : « Si j'ai gagné Jésus-Christ et avec lui tous les trésors de la divinité, c'est que j'ai, pour le gagner, renoncé à tout ce qui n'était pas lui » : « *Omnia detrimentum feci ut Christum lucrifaciam.* » Cette parole suffit, mes frères, à l'éloge de notre illustre patron. Je ne chercherai pas ailleurs l'explication des prodiges de sacrifice dont sa vie fut remplie. A la lumière de cette notion, nous suivrons avec une admiration respectueuse, dans ses principales étapes, la course terrestre de Saint Mitre, martyr admirable, patron de la ville d'Aix. Le récit pur et simple de son histoire m'a paru d'autant plus utile qu'il est moins exactement connu, et que depuis fort longtemps il n'a pas été fait dans cette église [1]. J'ai lu à votre intention les documents sur notre Saint que le temps a respectés ; j'ai écouté le grande voix des traditions locales,

---

[1] Depuis un temps immémorial, on n'avait pas prononcé dans la basilique de Saint-Sauveur, le panégyrique de Saint Mitre. Cette heureuse innovation est due à Monseigneur l'archevêque, qui n'a pas voulu laisser plus longtemps sans acquit une dette si sacrée.

et, négligeant ce qui m'a paru peu sûr [1], j'ai voulu vous donner une narration fondée, sincère, incontestable. Je n'avancerai rien que je n'aie vu reposer sur des preuves à l'abri de toute critique, au-dessus de la contradiction [2].

Or, l'histoire de Saint Mitre se divise naturellement en trois époques que nous désignerons par les lieux qui leur ont servi de théâtre. Thessalonique et le mont Athos ; Aix; le Champ du Crime. Ces noms nous serviront de points de repère, et soulageront en les partageant votre attention et mon récit.

I.

Au fond du golfe Thermaïque, dans un abri favorable aux vaisseaux, est assise sur la mer une ville naguère ensanglantée par des meurtres déshonorants [3], mais qui garde dans sa gloire obscurcie par l'islamisme un reflet de sa splendeur passée. C'est l'antique Therma, qui a changé successivement son nom pour ceux de Thessalonique et de Salonique, nom qu'elle porte aujourd'hui. Dans les temps qui précédèrent le Christianisme, Thessalonique fut illustre; mais l'apô-

---

[1] Nous ne prétendons pas condamner et taxer d'erreur ce que nous ne dirons pas et qui se trouve dans les traditions de notre pays. Seulement nous prenons sous notre responsabilité et nous garantissons comme authentiques les seuls détails que nous donnons.

[2] Voir l'avertissement qui précède ce discours, où sont énumérées les diverses histoires de martyr.

[3] Le meurtre des consuls de France et d'Allemagne.

tre Saint Paul semble avoir consacré sa principale noblesse, en lui donnant avec ses plus affectueuses épîtres le bienfait de la foi. Parmi toutes les villes que Paul avait évangélisées, aucune n'avait gardé plus pure de tout venin hérétique la vérité divine, aussi l'apôtre se plaît-il à le reconnaître, en écrivant à ses habitants qu'ils sont sa couronne d'honneur et sa joie la plus vive [1]. Cette foi éprouvée par les persécutions, ne défaillit point pendant de longues années, et même aujourd'hui que le schisme et le Coran ont jeté l'erreur là où Paul avait semé la vérité, il n'est peut-être pas dans tout l'Orient de cité plus religieuse.

Au cinquième siécle, tous les échos de Thessalonique retentissaient encore de la voix de l'apôtre, le sang des Chrétiens avait embelli ses murailles, et Mitre naissant dans cette métropole de la Macédoine et de l'Illyrie, en l'année 430 de l'ère chrétienne, trouvait dans ses aïeux des exemples héroïques, une lignée de confesseurs et de martyrs [2].

Depuis vingt-trois ans, Théodose-le-Jeune régnait sur Constantinople et sur tout l'Orient, tandis que son débile

---

[1] Quæ est enim nostra spes, aut gaudium aut corona gloriæ ? Nonne vos ante Dominum nostrum Jesum Christum in adventu ejus ?
Vos enim estis gloria nostra et gaudium (1 Thessal. II, 19-20).

[2] Le propre du Bréviaire d'Aix donné par Monseigneur Darcimoles, qui n'est en cela qu'une copie de celui composé au dix-huitième siècle par l'ordre de Monseigneur de Vintimille, tombe dans une erreur manifeste quand il dit : « *Mitrius natione Græcus et* THESSALUS. *Thessalus* signifie Thessalien, habitant de la Thessalie. Or, il conste par tous les auteurs qui précisent le lieu de naissance de Saint Mitre, qu'il est né à Thessalonique, capitale de la Macédoine, qui n'a rien de commun avec la province voisine de Thessalie. C'est donc *Thessalonicensis* ou *Thessalonicus* qu'il faudrait, au lieu de *Thessalus*.

gendre Valentinien III était depuis six années empereur romain d'Occident. La paix était dans l'Eglise, non que l'hérésie ne trouvât pas souvent un appui sans intelligence auprès des princes bysantins, mais parce que la grande époque des persécutions par la hâche et par le glaive était close depuis un siècle. L'église Romaine était alors gouvernée par un pontife célèbre dans les annales catholiques, Saint Célestin Ier, qui confirma, un an après, en 431, les actes du grand concile général d'Ephèse, et murmura de ses lèvres mourantes la pieuse et douce prière dont nous avons augmenté la Salutation Angélique [1].

Voilà, mes frères, quels furent le temps et le lieu témoins de la naissance de notre saint patron. Aucun renseignement précis ne nous est parvenu sur le nom et la condition des auteurs de ses jours. Nous savons seulement qu'ils étaient de race noble, et les abondantes aumônes que Mitre se plut dans la suite à répandre sur les pauvres nous prouvent qu'ils étaient suffisamment pourvus des biens de la terre [2]. La fortune ne pouvait pas réussir à combler tous leurs vœux, car, malgré de longues années passées dans

---

[1] Le pape S. Célestin Ier, peu après le concile d'Ephèse, mit en honneur et rendit générale par son exemple la prière : *Sancta Maria*, etc... qui complète si bien l'*Ave Maria.*

[2] ℞. Mitrius clara veterum stirpe ortus græcorum.
　　Sublimitate procerum fulsit et senatorum
✠. Quos claritate operum illustravit et morum.
　　Hic zelo tractus superûm,
　　Mundum reliquit miserum
　　Fortunamque suorum. Quos claritate
　　　　(Répons à la première leçon de Matines. — Bréviaire de la Métropole d'Aix. 1526).

l'union conjugale, ils ne voyaient auprès d'eux dans aucun héritier la bénédiction du ciel. Après de nombreuses prières, un fils leur fut enfin accordé, et Mitre apparut pour consoler leur vieillesse comme un enfant miraculeux. Il naquit à cet instant où sa mère ne pouvait plus espérer les joies de la maternité, et tandis que son père s'avançait du tombeau vaincu par son grand âge [1].

Dieu n'a pas coutume de faire ses prodiges à demi. Ayant accordé Mitre à ses parents comme une récompense de leurs vertus, il voulut encore en faire un vase d'élection; et, dès les plus jeunes années du Saint, une nature d'élite apparut en lui, rehaussée de tout l'éclat qu'ajoute la grâce aux âmes bien nées. Il était issu d'un père et d'une mère agréables au Seigneur, il se montra digne de cette origine privilégiée. Sans doute son inclination naissante fut le motif déterminant qui le fit se consacrer au Seigneur sous la discipline monastique ; mais en le conduisant bientôt à l'école des moines, ses parents avaient aussi le désir de réaliser un vœu qu'ils avaient formé, lorsqu'ils demandaient au Ciel un enfant. Nouveau Samuel, comme le juge d'Israël enfant de prodige, comme lui Mitre fut offert à Dieu, vivant holocauste dont l'odeur de paix ne devait pas réjouir seulement la solitude, mais embaumer aussi notre pays [2].

A l'extrémité sud-est de la péninsule de Salonique, la Chalcidique des anciens, s'étend un promontoire qui domine de trois mille mètres les flots de l'Archipel, c'est la

1 Voyez Pitton, au pontificat de Basile.
2 Voyez idem, ibidem.

montagne sainte des Grecs byzantins. Appelé plus communément le mont Athos, ce promontoire est couvert d'une végétation brillante qui contraste avec la pauvreté du continent voisin. L'Athos en effet, nous disent les voyageurs, est orné d'arbres majestueux ; sur ses flancs la vigne serpente avec orgueil dans ses rameaux chargés de fruits ; des bosquets d'orangers, de figuiers et de coudriers offrent au passant leur ombre délicieuse avec une opulente nourriture. Cette montagne sainte est peuplée par dix-neuf couvents, où six mille moines grecs gardent la règle de Saint Basile, après avoir perdu la foi de cet illustre patriarche de la vie monastique en Orient. C'est aujourd'hui le véritable séminaire du clergé schismatique grec. La science subtile des Orientaux trouve là son berceau, ses maitres les plus habiles, ses bibliothèques les plus riches. Chaque année les pèlerins accourent en foule sur ce mont, malheureusement devenu le boulevard du schisme et de l'erreur [1].

Au cinquième siècle, l'Athos avait une colonie monastique depuis près de deux cents ans, mais il possédait un bonheur que rien ne saurait compenser aujourd'hui. Ses moines étaient catholiques, c'était eux qui les premiers lançaient l'anathème contre Nestorius. Les vertus de Saint Basile trouvaient de nombreux imitateurs sur la sainte montagne, et l'on y voyait accourir de toute part les âmes jalouses de la perfection évangélique. C'est là, mes frères, que Mitre encore enfant fut conduit pour y développer dans la contemplation, la prière et les autres œuvres de la vie

---

[1] Voyez Dezobry, *Dictionnaire de Géographie*, t. 1, p. 165.

religieuse, les précieuses semences de bien mises dans son cœur par la grâce et les exemples domestiques. Ainsi en renonçant au monde, où tout nous fait croire qu'il aurait pu tenir un rang honorable, il commença de gagner Jésus-Christ.

On comprendrait peu aujourd'hui cet exil du foyer paternel dans un âge si tendre. Rien pourtant n'était plus raisonnable que cette démarche de Mitre et de ses parents. Sans parler de l'éducation parfaite qu'ils donnaient ainsi à leur enfant, ces deux vieillards savaient tout ce qu'il y a de grandeur dans le sacrifice et dans l'immolation de ce que notre cœur chérit avec le plus de justice. Mitre abandonnait les embrassements de son père et de sa mère, pour de meilleures tendresses qu'il devait recevoir de Jésus-Christ crucifié.

Quelles furent les occupations de ce jeune enfant dans le monastère du mont Athos ? Bien que l'histoire ne nous en ait pas conservé le détail, il nous est aisé de le deviner avec certitude. Les moines qui devenaient ses pères et ses maîtres étaient, nous l'avons dit, soumis à la règle de Saint Basile. Or, cette législation est connue ; elle est entre nos mains ; elle est encore pleine de vie dans l'Orient, et il nous est facile, en la lisant, de deviner le secret des jours, des heures et de tous les instants que Mitre vécut parmi les moines [1].

---

[1] Pour la législation monastique de S. Basile, voir les grandes et les petites règles de ce Saint, les règlements et constitutions qui ne sont pas de lui, mais inspirés par ses règles. On trouve ces divers traités au tome II de ses œuvres, éditées par les bénédictins et reproduites dans les éditions de Gaume et de Migne.

L'évêque de Césarée prescrit à ceux qui veulent rapidement acquérir la perfection chrétienne, de vaquer avec ardeur et sans relâche aux œuvres de l'âme. Le corps est pour ainsi dire oublié ; son repos et son exercice sont à peine indiqués. Le jeûne le plus rigoureux affaiblit les convoitises et permet à l'âme de monter vers la Vérité suprême sur les ailes du silence et de la contemplation. Le but que veut faire atteindre Saint Basile à ses religieux, n'est pas autre que le mysticisme le plus élevé, fondé sur la foi et commençant le ciel sur la terre.

Cette vie digne des anges, où la pureté du corps et de l'esprit est imposée comme la condition élémentaire des extases sublimes, fut la vie de Saint Mitre pendant ses plus belles années, jusqu'à l'âge de vingt-quatre ans. A cet instant, où tout homme inquiet de lui-même demande au Ciel et à la terre le secret de sa destinée, je retrouve Mitre éloigné du mont Athos, vendant à Thessalonique l'héritage de ses parents ensevelis, en distribuant le prix aux pauvres, et prenant place sur un vaisseau marchand qui cinglait vers Marseille.

Qu'était-il donc arrivé ? Quelle tempête avait arraché Mitre aux charmantes solitudes ? Dieu lui avait parlé, mes frères. Un jour il avait entendu des voix qui l'appelaient vers l'Occident, pour lui faire connaître le Dieu qui l'avait ravi. Il obéit sans tarder à l'ordre qui le presse ; il part dénué de tout, mais fort de sa vocation, et bientôt après avoir tourné dans sa course navale les rivages brillants de la Grèce et de l'Italie, il aborde à Marseille, dans ce pays tant de

fois visité par les envoyés du Seigneur [1]. Là se termine la
première période de la vie de Saint Mitre et la longue pré-
paration de son apostolat. Le sacrifice en est l'âme ; la pas-
sion de Dieu, le mobile. Renoncer au monde, à sa famille,
à son pays, à sa fortune ; puis voguer étranger vers des
terres lointaines et inconnues pour y faire aimer Jésus-
Christ ; tels furent, mes frères, les préludes de cette exis-
tence admirable.

II.

Marseille n'était pas le terme du voyage de Saint Mitre.
La Providence lui avait marqué pour théâtre de son éton-
nant apostolat la ville où nous vivons, la ville d'Aix. Aussi
peu de temps après avoir pris terre sur le rivage provençal,
il s'avance vers nous portant dans son cœur des désirs in-
quiets et brûlants de notre salut. Aix voyait alors à la tête
de son Eglise, sur le siége épiscopal, un pontife appelé Basile, digne successeur du grand Maximin. La foi chrétienne
allait toujours faisant de nouveaux progrès dans notre cité,
et captivant sous son joug les derniers partisans des erreurs
païennes, les Gallo-Romains. La persécution générale avait
cessé, et c'était moins pour leur foi que pour leurs biens

[1] Nul pays n'a été comme le nôtre favorisé du Ciel. Après nous avoir
donné pour premiers apôtres ses amis les plus chers, N.-S. a voulu con-
server la foi parmi nous, en nous envoyant en foule des saints et des
thaumaturges. Heureuse Provence, si elle restait toujours reconnaissante
de cette prédilection singulière !

que nos pères avaient à craindre. Sans parler des incursions fréquentes des Goths, qui dévastaient et pillaient tout sur leur passage, les procureurs de la seconde Narbonnaise, dont Aix était la métropole, imitaient avec une émulation jalouse les rapacités légendaires de Verrès [1]. D'après la nouvelle division de l'Empire, commencée par Dioclétien et perfectionnée par Constantin, Aix, ville libre, ayant droit de cité et une organisation semblable à celle de Rome, était la tête d'une province enclavée dans le diocèse des Gaules, et faisant aussi partie de la préfecture des Gaules, dont le siége était à Arles, résidence ordinaire d'un préfet du prétoire [2]. Au moment où Mitre arrivait à Aix, le procureur de la seconde Narbonnaise était un homme chargé de la malédiction publique, qu'il avait justement méritée par ses débauches et ses exactions. Il se nommait Arvandus. Les relations assez familières qu'il nous paraît avoir entretenues avec Saint Sidoine Apollinaire, évêque de Clermont, dont le père fut, comme on le sait, préfet des Gaules, nous donneraient à croire qu'Arvandus avait quelque intelligence littéraire, mais vraiment nous sommes peu curieux d'établir ce fait avec plus de certitude. Quoi qu'il en soit, malgré son talent, si toutefois il en avait, Arvandus se déshono-

[1] S. Sidoine Apollinaire, qui fut gendre de l'empereur Avitus, avant d'entrer dans la cléricature, nous a laissé par ses lettres en vers, le portrait repoussant des gouverneurs de la province. Il fait en particulier connaître les turpitudes et les lâchetés dont fut remplie la vie d'Arvandus

[2] Sur ce point, on peut consulter toutes les histoires du quatrième et cinquième siécles.

rait par le concubinage public, par le vol et par la cruauté [1].

Mitre ému par les pleurs des fidèles qui gémissaient des scandales de leur gouverneur et des vexations qu'il leur fallait endurer, se résolut, au spectacle de tant de maux, à la plus étonnante détermination. Il comprit que le principal obstacle au ministère de paix et de charité, qu'il avait le désir d'exercer à Aix, que le plus grand ennemi du règne de Jésus-Christ dans notre ville, était le chef de la province. Il voulut le convertir, le rendre à la vertu, faire cesser le scandale de ses impudicités et donner à l'Eglise un appui dans celui qui l'affligeait. Afin de réaliser son dessein généreux, Mitre vint demander à la porte du palais d'Arvandus, la faveur d'être admis au nombre de ses esclaves. Cette grâce lui fut d'autant plus volontiers accordée que Mitre étant grec, d'une éducation distinguée, pouvait rendre au procureur les plus utiles services. Mais ce n'était point dans le stérile désir de fournir à Arvandus le secours d'un esprit poli et cultivé, que notre Saint se réduisait ainsi en esclavage. Ses vues étaient plus hautes, et son nouveau sacrifice inspiré par de plus nobles motifs. *Omnia detrimentum feci ut Christum lucrifaciam.* Ici encore, comme au temps où il fuyait vers la solidude, son unique espérance était, en perdant sa liberté, de gagner Jésus-Christ et de le faire aimer [2].

[1] Voir Pitton et les autres vies de Saint Mitre citées dans l'avertissement. Le Bréviaire de 1526 dit en parlant d'Arvandus : *Cujus crudelitatis sævitiam incendebat nobilitas generis, abundantia facultatis.* Leçon 4e de Matines.

[2] Mitre fut réellement esclave dans toute la force du terme ; aucun doute n'est possible à cet égard ; et son esclavage fut volontaire, inspiré par l'héroïsme le plus pur et le plus rare.

Arvandus était débauché ; il voulut lui faire aimer la chasteté ; il était cruel, il voulut l'adoucir ; il était peu favorable aux chrétiens, et, quoique les lois de l'Empire lui fissent une défense, qu'il n'aurait pas impunément violée, de persécuter les fidèles pour leur foi, il ne laissait pas de les haïr dans son cœur, Mitre voulut le réconcilier avec le christianisme. Et tout cela, mes frères, remarquez-le bien, pour vous, pour vos pères, pour le bonheur de l'Église d'Aix. Mitre, arrivé depuis quelques jours à peine dans vos murs, vous aimait déjà avec une ardeur assez vive pour ne pas craindre de sacrifier sa liberté, dans le dessein de vous rendre plus heureux. C'était peut être une illusion, à lui, d'espérer un changement si complet dans un homme perdu de crimes, mais avouez que c'était une belle illusion. C'était un rêve, mais de ceux qui n'agitent que les grandes âmes et qu'ignorent toujours les cœurs étroits et avares d'eux-mêmes.

Mêlé à la foule nombreuse des esclaves d'Arvandus, Mitre avait hâte de s'insinuer dans la familiarité de son maître, afin de changer son cœur. Il se livra alors un combat dont les anges seuls pourraient nous redire toutes les péripéties, entre l'innocence de Mitre et la volupté d'Arvandus, entre la vertu chrétienne et le vice brutal.

Dans cette lutte, l'innocence fut vaincue, la grâce méprisée ; et le procureur romain, loin de se laisser émouvoir par la douce éloquence de notre Saint, en devenait plus mauvais. Vainement Mitre cherchait à lui prouver que le peuple commis à sa garde ne méritait point les injures dont il était accablé : Arvandus ne voulait point se lasser de pillage et de vol, et la douceur chrétienne ne faisait qu'attiser sa cruauté.

Il était déjà las des conseils de celui qui s'était fait son esclave, il cherchait à s'en débarrasser, à le punir au moins, lorsqu'un vil complot lui fournit le moyen d'exécuter son désir. Mitre était seul chrétien parmi les esclaves du procureur de la province [1]; Arvandus avait, paraît-il, ignoré jusque là la religion du jeune grec qui prétendait l'appeler à des mœurs moins ignobles. Les esclaves du palais s'empressèrent de dénoncer à leur maître celui dont ils étaient jaloux, comme un chrétien fervent qui cherchait à augmenter le nombre des serviteurs du Christ, en catéchisant les autres esclaves et en leur prêchant la doctrine du Crucifié. Cette accusation était fondée ; Mitre, non content d'exhorter son maître, cherchait encore à donner des âmes à son Dieu parmi ses compagnons de servitude.

Cette nouvelle acheva d'indigner contre Mitre l'impie Arvandus. Volontiers, il l'aurait fait mettre à mort sur le champ, si la législation adoucie par les Antonins lui en eût laissé le droit. Il se contenta de l'humilier par une punition qui était un déshonneur dans l'état même d'esclavage. Il l'éloigna de la ville, et le condamna à passer sa vie parmi les esclaves de la campagne.

Les Romains un peu aisés avaient coutume de diviser en deux catégories leur bétail humain. Ils gardaient les meilleurs, ceux qu'ils voulaient favoriser ou qui étaient pour eux des instruments de luxe et de plaisir, dans leurs mai-

[1] In illa turba servorum, solus X[ti] insignia proferebat.
(Brèviaire de 1526. Leçon V des matines.)

sons de ville ; ceux dont ils ne pouvaient retirer que des services sans mérite ou qu'ils voulaient punir, ils les condamnaient à vivre aux champs, occupés aux travaux pénibles de l'agriculture, n'ayant pour nourriture qu'un pain misérable qui leur venait chaque jour du palais du maître.

Arvandus avait ainsi partagé sa famille d'esclaves. Non loin d'Aix, à l'endroit même où s'est élevée au XVIIme siècle en l'honneur de Saint Mitre une chapelle, heureusement renouvelée depuis quelques années [1], il avait une villa et tout auprès, au milieu de possessions nombreuses, une vigne qui portait un nom d'un bien triste souvenir ; elle s'appelait, dit l'ancien bréviaire d'Aix, le crime raffiné, le crime infâme : *Vocabatur vinea.... nequitia lecta* [2]. Sans doute ce nom lui venait de quelque action déshonorante commise en cet endroit par Arvandus, ou par son digne prédécesseur Séronat, non moins infâme que lui.

Ce *Champ du crime* fut destiné au chrétien Mitre, afin qu'il le travaillât de ses mains. Notre Saint devait en rendre un compte rigoureux à l'intendant des possessions rurales d'Arvandus, et c'est là qu'il se préparera [3] par de nouveaux

---

[1] Près de la vigne que Saint Mitre fut condamné à cultiver, une chapelle fut élevée en son honneur, par les soins de la comtesse de Carcès, à la fin du XVIIme siècle. Cette chapelle, abandonnée depuis, a été renouvelée de nos jours. La première pierre du nouveau sanctuaire a été posée par Monseigneur Chalandon, le dimanche de *Quasimodo* 1864, et le 22 juillet 1865, le monument a été bénit et livré au culte.

[2] Bréviaire de 1526. 2e leçon pour l'octave de Saint Mitre.

[3] *Jubet itaque crudelis dominus pium servum vineæ præbere custodiam* Bréviaire de 1526. 1re leçon pour l'octave.

sacrifices à la mort la plus glorieuse et la plus injuste. Mitre est donc banni du palais, lui, le noble citoyen de Thessalonique, n'est pas jugé digne de vivre esclave au palais d'Arvandus. Il s'en va aux champs, sous la rude conduite d'un intendant farouche ; il quitte celui qu'il n'a pu gagner à la vertu et à Jésus-Christ. Il part, mes frères, victime de son dévouement pour nous, victime d'une jalousie stupide, victime de son courage à reprendre le vice. Mais la colère d'Arvandus le suit, et nous verrons bientôt comment cet homme sans cœur et sans noblesse, cherchera à assouvir, dans le sang du jeune Apôtre, la haine que lui a inspirée la charité de notre Saint.

III

Dans sa retraite humiliée, Mitre ne perdit par un seul instant à se laisser aller au découragement et à la tristesse. Admirable jeune homme ! Il n'avait réussi dans son apostolat qu'à se faire des liens plus pénibles ; son amour n'en fut point ralenti, et, ne pouvant plus espérer la conversion du procureur ni des païens ses esclaves, il cherchait à instruire les pauvres qui venaient dans les champs d'Arvandus glaner quelque débris [1]. On le voyait aux heures du repos

---

[1] Vineam regis fertilem
Agrum nec non et uberem
Dum custodiret, debiles
Fovebat atque pauperes.
(Bréviaire de 1526. Hymne de Laudes).

assis sur une pierre nue, et là, de cette chaire improvisée, il enseignait la foule indigente assemblée autour de lui. Il aurait voulu donner aux pauvres avec sa parole les aliments dont ils étaient affamés, mais il ne pouvait que partager avec eux son pain de chaque jour, et leur distribuer ce qu'il recevait lui-même en aumône de ses maîtres cruels.

Tant d'héroïsme n'était pas de nature à calmer les fureurs d'Arvandus. Le crime ne peut point supporter la vertu ; elle lui est un reproche trop humiliant. Il cherche à s'en défaire, et s'il ne peut y arriver par la force ouverte ; l'intrigue, la bassesse et la lâcheté viennent à son secours. Le procureur résolut de mettre à mort son esclave trop angélique pour compter dans le vil troupeau de ses serviteurs. Et dès lors, il chercha par quelle accusation il pourrait légitimer sa sentence.

Le faire périr parce que tel était son plaisir, il ne pouvait pas y songer ; car la législation ne laissait plus comme autrefois au maître le droit de vie et de mort sur son esclave. Etre chrétien et prêcher la doctrine qui avait baptisé Constantin, ne pouvait plus fournir matière à une accusation capitale. Arvandus eut donc à chercher un autre crime dans la vie de son esclave, un crime de droit commun, si je puis ainsi dire, et comme il était impossible d'en découvrir le moindre soupçon, la ruse et la calomnie lui suggérèrent un perfide conseil [1].

___

[1] Vineæ spolia deferunt.... lagenas pauperis impleverunt et omnia racemorum fragmenta, furti testimonium redditura, sedule clausa derelinquunt. Ita enim secretiore consilio omnia sunt acta, quasi essent a custode commissa

(Bréviaire de 1526. Leçon pour l'octave).

C'était au temps où la vigne mûrit ses fruits ; celle **que** Mitre avait à garder promettait bientôt une recolte abondante. Le procureur donna l'ordre à quelques uns de ses esclaves des champs d'y venir pendant la nuit avec le plus grand secret, enlever tous les raisins et d'accuser ensuite Mitre, comme s'il avait donné aux pauvres qui se groupaient souvent autour de lui, ce qu'il aurait dû garder avec le plus grand soin pour son maître. Ce commandement fut accompli avec le même plaisir infernal qui l'avait dicté. Pendant que notre Saint priait ou qu'il se reposait de ses fatigues, les esclaves d'Arvandus dépouillent son champ, le dévastent et s'en vont à l'instant enfermer leur butin. Puis le jour venu, ils s'empressent de dénoncer Mitre comme un voleur digne du dernier supplice.

Leur témoignage était trop désiré pour n'être pas favorablement accueilli. Arvandus s'empresse d'ouvrir la procédure qui devait lui livrer sa victime. Il vient à sa maison des champs [1]. Il va s'assurer par lui-même de l'accomplissement de ses ordres et jouir de la confusion que Mitre doit recevoir, quand il lui demandera compte de son travail et de sa récolte. Mais au moment où il s'apprêtait déjà à porter contre le Saint une sentence de mort, il s'aperçoit que la vigne dévastée la nuit précédente est chargée de fruits plus nombreux et plus beaux qu'auparavant [2]. Étonnés de

---

[1] At dominus qui furtum suaserat quasi furtum indicaturus accurrit. Et ecce divina providentia cuncta cernuntur intacta, integra uvarum numerositas pendet ex palmite. (Bréviaire de 1526. Leçon pour l'octave).

[2] ℟ Custos vineæ Mitrius durum patitur æmulum et insidiatorem ; illati furti nescius, levat ad Deum oculum, innocentis tutorem.

℣ Auditur ergocitius dum palmes per miraculum uvas fert supra morem.   (Bréviaire de 1526. Répons de la 4e leçon des Matines).

ce spectacle, les complices d'Arvandus, craignant pour eux-mêmes la colère du maître, courent au lieu où ils ont enfermé leur larcin, et les urnes qu'ils avaient remplies des dépouilles de la vigne du crime, ils les trouvent complètement vides, couvertes de toiles d'araignée, comme si depuis longtemps on n'en avait pas fait usage [1].

Le miracle était manifeste : Dieu avait pris en main la cause de son serviteur, et la rage frémissante du persécuteur devenait d'autant plus folle, qu'elle était plus humiliée par la sainteté du jeune chrétien.

L'enfer est fertile en mensonges, et ceux qui sur la terre se font par leurs crimes ses citoyens prédestinés, participent à cette fécondité de la haine et de la calomnie. On n'avait pu parvenir, malgré tous les efforts les plus lâches, à convaincre de vol celui qui n'avait d'autres richesse que son amour pour Dieu, on l'accusa de magie. Le prodige de la vigne rendue sitôt à son premier état, fut attribuée à quelque puissance occulte dont Mitre était le suppôt, et, comme magicien, il fut résolu qu'on le mettrait à mort. Notre Saint avait ainsi un dernier trait de ressemblance avec le Dieu qui était son soutien. Comme le Sauveur, au tribunal de Pilate, fut accusé d'opérer des prodiges par le concours des esprits malfaisants, ainsi Mitre fut condamné au dernier supplice, sous le prétexte qu'il était l'instrument des mauvais génies [2].

---

[1] Ecce diuturnis sordibus obvoluta vasa susfulerunt.... tenero araneorum textu vestiebantur.
(Bréviaire de 1526. 1re leçon pro sabbato in octava).

[2] Et sic sanctum Mitrium maleficum nuncupabat, ut quod agebat virtute meritorum ministerio artis magicæ implesse putaretur.
(Bréviaire de 1526. 1re leçon pro sabbato in octava).

C'était puéril ; c'était insensé ; mais qu'importaient à Arvandus la raison et la justice ? Ce qu'il voulait et avec lui toute sa suite, c'était la mort du juste. On garotte le Saint ; on le jette dans la prison du palais, en attendant l'heure de son martyre [1]. Puis lorsqu'est arrivé l'instant où il doit périr, un bourreau lui tranche la tête. Au milieu de cette ville que Mitre avait tant aimée, son sang jaillit à flot aux applaudissements féroces de ses cruels ennemis. On lui tranche la tête, quoiqu'il soit esclave, par la raison très-certaine que la croix n'était plus le supplice spécial des criminels méprisés, depuis qu'elle avait conduit à la victoire le fils de Constance Chlore. Mais voici que Jésus-Christ prêt à couronner Mitre des palmes du martyre, veut déclarer sa gloire à la terre avant de la faire briller au ciel. Notre Saint avait eu tant d'humiliations à subir pour l'amour de son Dieu et pour l'amour de vous, mes frères, qu'il lui fallait, avant de monter pour toujours vers celui qu'il avait éperdument aimé, un triomphe terrestre.

Frappé à mort il vit encore, il se relève, et prenant dans les mains sa tête que le glaive avait abattue, il se met à marcher. Il s'avance au milieu de ses ennemis consternés ; acclamé par la foule pieuse de ses frères dans la foi ; il

---

[1] La captivité de Saint Mitre ne fut pas de longue durée. Le Bréviaire de 1526 nous dit que son martyre eut lieu le 13 novembre, *idibus novembris*. Il est impossible de préciser le temps qui s'écoula entre l'accusation de magie et l'exécution de la sentence capitale ; mais il est certain que ce temps fut court, car les Romains n'avaient pas coutume de différer longtemps le supplice des condamnés. C'est pour honorer cette captivité que le Chapitre d'Aix se rend chaque année en procession aux prisons de la ville. Le palais et la prison d'Arvandus étaient situés non loin de là.

marche, et, d'un pas assuré, il se dirige vers l'église des chrétiens, vers l'église épiscopale [1].

Elle était alors située, mes frères, dans un endroit que vous vénérez, là même où se trouve aujourd'hui le sanctuaire de Notre Dame de la Seds. C'était là que Maximin avait établi le siège de son apostolat ; c'était là encore que son successeur Basile veillait avec son clergé aux soins du troupeau fidèle.

Au tumulte de cette marche triomphale, l'évêque et ses prêtres accourent au devant du martyr qui vient à eux consacrant les rues de la ville par l'effusion de son sang. Les portes de l'église s'ouvrent, et Mitre achéve son holocauste en tombant à genoux au pied du tabernacle. A cet instant, les anges chantèrent au ciel des cantiques joyeux, et l'âme du martyr s'envolant avec eux nous laissa, comme notre plus précieux trésor, sa dépouille mortelle [2].

Mourant ainsi pour la foi, pour la chasteté qu'il aurait voulu rendre à son maître, pour la charité qui le consumait envers nos pères, pour l'amour de son Dieu, Mitre est réellement martyr, il est aussi à bon droit établi votre patron.

Aix, nous dit la devise de ses armes, est issue d'un sang généreux : *Generoso sanguine parta.* La devise n'est point

---

[1] **Caput truncatum Mitrius**
Propriis gestat manibus.
   (Bréviaire de 1526. Hymne des Matines).

[2] Le corps de Saint Mitre, inhumé d'abord dans le cimetière de la Seds, puis placé dans le presbytère qui tenait à l'église épiscopale, et ensuite dans une chapelle spéciale, fut transféré à Saint-Sauveur, le 23 octobre 1383.

menteuse ; elle n'est pas une prétention d'orgueil. Oui, noble cité, c'est un sang généreux qui a fondé ta gloire, non pas le sang de je ne sais quel guerroyeur célèbre, mais le sang du jeune grec qui pour toi a quitté sa patrie, pour toi s'est fait esclave, pour toi a voulu mourir.

Aussi nos pères n'ont-ils pas été ingrats envers un dévouement si sublime, et de siècle en siècle, ils ont mis sous la protection de leur ami leurs personnes et leurs biens. Ils ont conservé religieusement son souvenir, et placé toujours, à côté de celle de leur premier apôtre, l'image de leur plus grand martyr [1]. Et digne héritier du pontife qui voulut présider au sacrifice de Saint Mitre, vous avez ordonné, Monseigneur, que les voûtes de cette Basilique, qui sont devenues le véritable tombeau de notre Saint, n'oubliassent point de si nobles origines. Grâce à Vous, chaque année, l'éloge de l'esclave d'Arvandus viendra rappeler ses devoirs à la foule qui s'assemble ici autour de votre trône. Le premier j'ai répondu à votre appel. Comme Vous, que le Saint me pardonne de l'avoir fait avec une parole trop inégale à sa gloire.

---

[1] Il n'entre pas dans notre dessein de faire l'histoire du culte de Saint Mitre et des nombreux prodiges obtenus par son intercession. Nous laissons ce soin à ceux qui devront après nous entretenir les fidèles de leur grand protecteur.